Max et Lili sont fans de marques

Série dirigée par Dominique de Saint Mars

Imprimé en Italie
ISBN : 978-2-88480-437-0

Ainsi va la vie

Max et Lili sont fans de marques

Dominique de Saint Mars

Serge Bloch

CALLIGRAM

CHRISTIAN GALLIMARD

Regardez-la ! Elle fait trop pitié, Lili !
Elle est trop démodée !
Plus que ringarde !
Je dirais même plus, périmée !
Vous êtes trop top ! Valentine, on dirait la fille dans « Supergirls » !
Clara, faut que je te voie !

J' ♥ LES MARQUES
BIZ
WHO
BIZ
BE COOL!
ZIP

Clara, tu fais comment, toi, pour être toujours habillée branchée ?
C'est simple ! On fait les soldes avec Maman !

Ça me fait trop peur, cette rentrée des classes...
Peur de quoi ? T'as toujours des bonnes notes !
BIZ

T'as vu mon look ?
T'es peut-être pas très à la mode, mais... t'as un style !

Alors, contents de retrouver vos copains à l'école ?
Beuh... ils vont encore frimer avec les marques... les T-shirts, les cartables, les baskets...
À propos, quand est-ce qu'on va faire des courses, Maman ? J'ai rien à me mettre !
Tu n'as rien à te mettre... ?

T'as pas vu que j'ai grandi pendant les vacances ?

J' ♥ LES MARQUES
BIZ
Tu m'aimes, Maman ?
99,99

Maman...
T'as vu les prix ?!
99,99

C'est de la marque ! La marque, c'est de la qualité ! Et la qualité, ça se paie, Maman !
La qualité, on s'en fiche ! On va pas porter les mêmes vêtements pendant des années !
Regarde qui est là, Lili !
Marlène ?
Voilà des vêtements sympas !

On n'a besoin de rien ! Pas vrai, Max ?
Euh...
Comment ça ? Tu ne veux plus rien, Lili ?
Pffuit, t'as vu les prix ?
Tu nous achètes toujours le moins cher, du bas de gamme, jamais des marques ! On n'est pas des pauvres !
C'est vrai, on est toujours habillés pareil !
Je ne céderai pas à la dictature des marques !

Le bonheur de tes enfants, tu t'en fiches !
C'est vrai, les parents de Jérôme dépensent tout pour leur fils ! Il ne porte que des marques, lui !
Eux, c'est eux ! Moi, c'est moi ! Je refuse d'être victime de la pub !

Lili !
Nous, la pub, on adore !
À votre âge, je portais les affaires de ma cousine !
Le monde a changé, Maman ! Faut vivre avec son temps !

Comment trouvez-vous ma nouvelle tenue ?
Trop stylée ! Comme d'hab !
Bof, pas très tendance, ton look...
Tu dis ça pour rire ?
Je suis sérieuse !
Me dis pas que t'es devenue comme Valentine, que tu veux plaire par le « look » !
PFF

* Boss, en anglais, veut dire : patron, chef...

Max et Lili recommencent avec les marques !
Moi, j'aime bien les marques. Il y en a qui font des trucs beaux et de qualité... Tiens, l'autre jour, à la télé...

Tu es pire que les enfants ! Les marques, c'est dix fois plus cher !
Et alors ? C'est normal !

* La contrefaçon est interdite : c'est le fait d'imiter un produit sans que son créateur soit payé.

LE LENDEMAIN MATIN...
Déjà debout ?
Mon Papa chéri, je t'ai préparé une tartine !
Moi, je t'ai fait du café !
Papa, pourquoi c'est toujours Maman qui achète nos habits ?
Ah, je m'en doutais ! Paul, ne tombe pas dans leur piège ! ! !
?
À l'école, on se moque de nous !
On nous montre du doigt !
On n'a pas de copains !
On souffre !

N'importe quoi !
Tu vois, Papou ? Maman refuse de voir la réalité en face !
Elle ferme les yeux sur notre souffrance !
Vous voulez quoi, au juste, les enfants ?
On veut être comme tout le monde ! On veut des marques !
Pauuul...
O. K. !
YOUPIIIII !!!
Paul, tu m'avais promis !!!

S'ils veulent des marques, qu'ils payent la différence !
Bonne idée ! Je suis d'accord !
?
?
Payer... avec quoi, Papa ?
Avec votre argent de poche !
Ça fait des années qu'on n'a pas été augmentés !
On n'a aucun pouvoir d'achat !
Nous non plus !

Papa nous a piégés ! C'est pas à nous d'acheter nos habits ! On s'est fait avoir !
Normal qu'on participe. On n'a rien sans rien, Lili !
BIZ
J' ♥ LES MARQUES
Le T-shirt, le pantalon et les baskets, ça fait 100 euros !
Pas tout à fait... 99,99 euros !
Les parents nous donnent 19,99 euros à chacun. Avec seulement 80 euros, on réalise notre rêve !
Seulement ?! Ça fait dix mois d'argent de poche !

T'as combien d'économies, Max ?
102 euros et 28 centimes.
Moi, j'ai 60 euros. Tu me prêtes 20 euros, tu prends 80 euros pour toi, et il te restera encore 2 euros et 28 centimes !
Lili, ça fait des mois que j'économise pour ma nouvelle console...
Entre réaliser un rêve et s'offrir un jouet... faut savoir ce qu'on veut !
J'ai une idée !

CHEZ MAMIE ET POPI
Mamie ne prendra jamais parti contre Papa, c'est son fils !
Mais le chouchou de Popi, c'est qui ?

Quand j'étais petit, on achetait un pull neuf à mon frère aîné, et je finissais de le porter, avec des ronds de cuir aux coudes pour cacher les trous.

Nous, on portait des uniformes. Mais je me souviens que j'enviais les chaussures d'une fille de ma classe !
Alors tu nous comprends, Mamie !

T'es d'accord que c'est pas à nous de payer nos habits ?
Mon Popi chéri, tu peux pas l'expliquer à Papa ? C'est ton fils !
C'est si important, les habits ? Vous avez vraiment besoin de vêtements de marque pour exister ?

Tu connais pas les copains ! Sans marques, tu n'existes pas, Popi !
C'est les habits qu'on voit d'abord !
Vous connaissez ce vieux dicton ? « L'habit ne fait pas le moine ! »
Cha beut dire quoi ?
Que tu peux être mal habillé et être quelqu'un de bien ! Ou le contraire !
Ils auraient quand même pu nous soutenir financièrement...
On n'a pas de bol ! Ils ont toujours préféré leur fils à nous !

VIDEOgames
ALPHA
ALPHA
ALPHA 21
LA CONSOLE DES CONSOLES
89,99
Tu sais, Lili, entre les habits et la console, je me demande si je préfère pas la console...
Dans ce cas, renonce à Juliette ! Jamais elle ne sortira avec un ringard...
TAP TAP

LE SURLENDEMAIN...
Habillée comme t'es, tu devrais te faire payer ! T'es une pub vivante !
Habillé comme t'es, tu me fais honte ! Change de trottoir !

T'es qu'une ingrate ! Si je t'avais pas prêté 20 euros, tu ferais pas ta fière ! Et moi, j'aurais ma console !

Ouaah ! Incroyable ! Elle est super, Lili !
T'es sûr que c'est Lili ?!
Qui c'est, le ringard à sous-marques, à côté d'elle ?

CLAP
CLAP
CLAP

Vous avez vu ! Lili aussi me copie !
Very good !

Tu me baises la main,
et je t'accepte dans le CLUB
des VALENTINE'S GIRLS
dont je suis présidente !

À part Marlène et Clara, il n'y a que des Valentine dans cette classe !

Regardez-le ! Il est trop démodé, Max !
Plus que ringard !
Il sort du siècle dernier ! Jamais je ne sortirais avec un garçon comme lui !
T'as entendu ? On parle de ton amoureux !
Pffft...!

C'est pas l'habit qui fait la personne !
T'as entendu ! Il est trop fort mon amoureux...

Fais pas cette tête, mon petit Max, c'est des minables !
Juliette ne m'a même pas regardé...
J'ai une idée ! Viens chez moi ! Demain, les filles n'auront d'yeux que pour toi !
Lili a refusé de me baiser la main ! Elle va me payer ça !
Faut qu'on la ridiculise, présidente !
Elle fait sa fière !
...

CHEZ JÉRÔME...
T'es trop cool, Max ! Ça te va trop bien !
WHO
OHW

Désolé, Jérôme, j'aime pas porter d'autres noms sur moi. J'aime pas être marqué. Je me reconnais pas, j'suis pas moi...
OHM

PENDANT CE TEMPS-LÀ...
Elle veut être fashion, Lili ? Nous, on va la démoder !
Elle est super, ton idée ! C'est NOUS qui décidons la mode !
CHEZ LILI...
Tu me baises la main, et je t'accepte dans le club des Valentine's girls !...
Pauvre fille, j'aurais jamais cru que tu allais devenir une fashion victime...
Dîner !!!

Pourquoi tu m'as prêté 20 euros, Max ?! Comment veux-tu que je te rembourse ? J'ai plus un sou !
Pourquoi vous m'avez pas dit que ça m'allait pas ?! Que j'étais ridicule avec ces vêtements !
Papa, tu peux me revendre ça sur Internet ? Je ne supporte pas d'être endettée... ni ridicule !

Change de trottoir, Lili !
Tu me fais honte !

Je ne vous demanderai pas de me baiser la main pour rejoindre mon FAN CLUB !
Bravo les filles !

Miracolo ! Il n'y a que des Lili dans la classe !
JE SUIS PAS LILI ! JE SUIS VALENTINE !
TOI ET TON IDÉE STUPIDE ! TU ES VIRÉE DE MON CLUB !
GRRR
Je trouve qu'on n'est pas mal en Lili, présidente...
Vous êtes toutes virées ! Vous n'êtes plus des Valentine's girls !

tu me plais comme tu es, Max! Et je t'aime pour ce que tu es. smack! juliette

VIVE LE FAN CLUB DE LILI
T'as vu, Max ? Toutes les filles me copient ! Je suis devenue une marque !
Alors tu pourras me rembourser mes 20 euros et je m'achète ma console !

Et toi...

Est-ce qu'il t'est arrivé la même histoire qu'à Max et Lili ?

C'est pour être comme les autres ? À la mode ? Trouver des amoureux ? Être beau ? Te faire respecter ? Te faire aimer ?

C'est pour faire des jaloux ? Montrer que tu es riche ? Que tu fais partie d'un groupe ? Que tu es mieux que les autres ?

Tu cherches à te faire remarquer, à savoir ce qu'on pense de toi, ce qu'on dit sur toi ? Tu te regardes souvent ?

Tu n'aimes pas qu'on se moque de toi mais tu te moques facilement des autres si tu ne les trouves pas à la mode ?

Si tu n'as pas de marques, tu as honte ? Tu es jaloux ? Tu es en colère ? Tu as envie de les voler ?

Pour toi, le plus important c'est : la beauté ? les vêtements ? l'humour ? la gentillesse ? les bonnes notes ?

Tu aimes être bien habillé, tu es sensible à ce qui est beau mais les marques, ça t'est égal ?

Tu n'aimes pas te faire remarquer ? Tu es timide ? Ou tes parents ne veulent pas t'acheter de marques ?

Tu as peur de les perdre, de les abîmer ou qu'on te les vole ? Tu préfères les vêtements confortables ?

On s'est déjà moqué de ta façon de t'habiller ?
Ça te fait souffrir ou tu t'en fiches ?

Tu refuses de te laisser influencer par la pub ?
Tu veux rester libre ? Créer ton style ?

Ça t'empêche d'avoir des amis ? des amoureux ?
Tu es déjà tombé amoureux d'une fan de marques ?

**Après avoir réfléchi
à ces questions
sur les marques,
tu peux en parler
avec tes parents ou tes amis.**